18 mai 1894
FR
feuille faite
3 tableaux
et 23 non catalogués
3785
997

VENTE
PAR SUITE DE DÉPART

HOTEL DROUOT, SALLE Nº 6, **le Vendredi 18 Mai**
ET SALLE Nº 4, **le Samedi 19 mai 1894**

A deux heures un quart

IMPORTANT

MOBILIER DE STYLE

En partie ayant été fourni
Par JULES ALLARD

OBJETS D'ART, TABLEAUX

Mᶜ DESAUBLIAUX

COMMISSAIRE-PRISEUR, 21, rue Saint-Guillaume

EXPERTS

M. A. BLOCHE	**M. G. SORTAIS**
25, Rue de Châteaudun	23, rue d'Armaillé

EXPOSITION PUBLIQUE
Le Jeudi 17 mai 1894, de 2 heures à 6 heures

AF372659

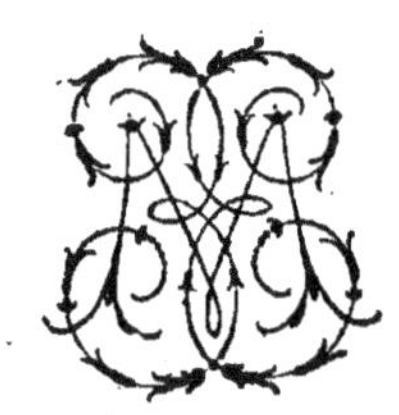

CATALOGUE

D'UN

IMPORTANT MOBILIER

DE STYLE

Ayant été en partie fourni

Par JULES ALLARD

OBJETS D'ART, BRONZES DE BARBEDIENNE

Deux superbes Bustes en marbre de Lanzirotti
Le Roi Humbert et la Reine Marguerite d'Italie

TABLEAUX MODERNES

ET ANCIENS

DESSINS — GRAVURES

Tentures, Porcelaines, Curiosités

DONT LA VENTE AURA LIEU

Par suite de Départ

HOTEL DROUOT, SALLE N° 6

Le Vendredi 18 Mai

Et SALLE N° 4, le Samedi 19 Mai 1894

A deux heures un quart

Mᵉ DESAUBLIAUX

COMMISSAIRE-PRISEUR, 21, rue Saint-Guillaume

Assisté

Pour le Mobilier et Objets d'Art	Pour les Tableaux
de M. A. BLOCHE	**de M. G. SORTAIS**
EXPERT	PEINTRE-EXPERT
25, rue de Châteaudun	23, rue d'Armaillé, 23

EXPOSITION PUBLIQUE

Le Jeudi 17 Mai 1894 de 2 heures à 6 heures

CONDITIONS DE LA VENTE

La vente sera faite *expressément* au comptant.

Les acquéreurs payeront en sus des adjudications *cinq pour cent.*

L'exposition mettant le public à même de se rendre compte de l'état des objets, il ne sera admis aucune réclamation une fois l'adjudication prononcée.

Paris. — Imprimerie, E. MÉNARD ET Cⁱᵉ, 8, rue Milton.

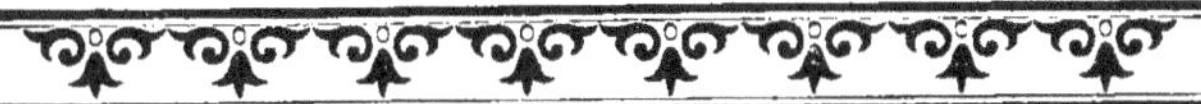

OBJETS D'ART — MOBILIER

1-2 — Deux très beaux bustes en marbre, plus
grand que nature, du roi Humbert, roi d'Italie
et de la reine Marguerite de Savoie. Œuvres
de A. G. Lonzirotti (*Signé*).

3-4 — Deux grandes et belles gaînes à quatre
faces en marbre rouge griotte, ornées de
bronzes dorés, supportées par des griffes de
lion. Travail de Barbedienne (Les armoiries
qui décorent le devant peuvent être facilement
remplacées par tout autre motif.)

5 — Grande pendule monumentale en bronze
et porcelaine de Saint-Amand ou de Tournai
fond bleu turquoise, à médaillons sujets my-
thologiques, surmontée d'un vase avec anses à
têtes de béliers et orné de guirlandes de fleurs
que tiennent deux femmes assises de chaque
côté. Le socle avec des bas-reliefs : jeux d'amours.

6 — Deux lampes formant garniture avec la
pendule précédente en bronze doré et porcelaine de Tournai ou de Saint-Amand.

7 — Bonheur du jour formant vitrine et bureau, en bois noir orné de plaques en porcelaine de Saint-Amand. Décor à sujets champêtres, garni de bronzes style Louis XVI.

8 — Petit éléphant en bronze argenté.

9 — Deux petits porte-bouquets en porcelaine.

10 — Ecran en bois sculpté et doré avec panneau en broderie. Jeu d'amours, style Louis XVI.

11 — Ameublement de salon de style Louis XIV, composé d'un canapé, quatre fauteuils et quatre chaises en bois sculpté et doré, couverts en tapisserie à médaillons, vases et bouquets de fleurs, fond blanc, contre-fond rouge.

12 — Deux fauteuils en soirie brochée et capitonnée, avec rampes de peluche.

13 — Fauteuil mi-circulaire en bois doré, couvert en velours de Gênes, fond mordoré à corbeille fleurie polychrome.

14 — Casier à musique formant étagère, en palissandre.

15 — Pouf en satin et velours brodé, garni de passementerie avec glands.

16 — Petite table forme rognon, couverte en peluche.

17 — Dessus de piano à queue, en peluche bleu paon orné de broderie et d'application, garni de franges.

18-19 — Deux vitrines en bois doré, décor genre vernis de Martin, à scènes d'enfants. Garnies de bronzes, style Louis XVI.

20 — Deux seaux en porcelaine vert pâle, avec bouquets de fleurs, en relief, pieds et anses perlés.

21 — Vide-poche et deux flambeaux en bronze doré, argenté et laqué, ornés de feuillages et de figures d'amours.

22 — Jardinière forme demi-lune en verre bleu, émaillée d'oiseaux et de fleurs.

23 — Deux beaux candélabres formés par des statuettes de nymphes drapées, bronze à patine frottée d'or, un de Falguière, l'autre de Paul Dubois (*signés*), portant des bouquets à sept lumières. Travail de Barbedienne.

24 — Deux statuettes terre cuite polychrome, *les Petits Virtuoses*, de Laure Martin (*signé*).

25 — Corbeille en barbotine, décor à fleurs en relief.

25 — Jardinière en porcelaine moderne, décor à fleurs.

27 — Brûle parfum, de Satzuma, décor à personnages.

28 — Bouteille en porcelaine gros bleu de Sèvres, à rehauts d'or.

29 Deux vases en terre cuite, décorés de médaillons à figures de sainte en extase et de la Cinci.

30 — Statuette en terre cuite d'après Zocchi : *L'Ecolier et Michel Ange enfant.*

31 — Table à jeu en bois noir et thuya à transformations pour les échecs.

32 — Vase avec couvercle en cuivre gravé, de Bénarès.

33 — Quatre écrans miniatures avec bannières en tapisserie et broderie.

34 — Banquette de pieds couverte en tapisserie.

35 — Petit guéridon couvert en velours violet.

36 — Paire de lampes en cuivre jaune, style Renaissance.

37 — Paire de petits candélabres à deux lumières en bronze doré, style Louis XVI.

38 — Billard en palissandre, de Poulain, avec ses billes d'ivoire, queues, porte-queues et accessoires.

39 — Table de style Renaissance en bois sculpté, piétement à mascarons et jetées de fruits entre cariatides de femmes et d'aigles.

40 — Douze escabeaux à dossiers sculptés dans le même goût.

41 — Piano en bois noir gravé, d'Erard.

42-43 — Quatre canapés couverts en étoffe marron brochée ton sur ton et capitonnés.

44 — Deux *Rocking chairs* foncés de canne.

45 — Jardinière en cuivre poli, décorée de sujets égyptiens en bas-relief, sur support en bois noir à têtes d'éléphants.

46 — Statuette de silène en bronze vert.

47 — Quatre pièces : Jardinières et cornet en faïence moderne.

48 — Chaise de piano en bois tourné et foncé de canne.

49 — Billard chinois avec ses accessoires.

50 — Deux bustes en bronze patine claire : *Molière et Schiller*. Edition de Barbedienne. Sur socles en marbre rouge griotte.

51 — Deux bustes en bronze, patine claire : *Franklin et J.-J. Rousseau*. Edilion de Barbedienne. Sur socles en marbre.

52 — Tête-à-tête forme S en étoffe claire brochée, avec rampe de peluche, garni de franges et passementerie.

53 — Canapé et deux fauteuils en bambou, couverts d'étoffe fantaisie et capitonnée. .

54 — Deux grands vases de Chine, fond d'or à médaillons paysages et figures.

55 — Deux fauteuils dits *caqueteuses*, couverts en velours rouge et garnis de gros clous et de pommes en cuivre.

56 — Grand capapé en cuir rouge capitonné.
57 — Deux fauteuils à dossiers carrés en cuir rouge capitonné.

58 — Deux chaises couvertes en cuir rouge.

59 — Ameublement de cabinet de travail en noyer et bois noir incrusté d'ivoire, travail dit *certosine*, style xvie siècle, composé d'un bureau, un fauteuil de bureau, une table, deux fauteuils et deux chaises.

60 — Vase décor bleu clair à fleurs et oiseaux, monture en bois noir laqué, rehaussé d'or.

61 — Deux aiguières de Naples, décor en relief à jeux d'enfants et dauphins.

62 — Deux beaux fauteuils et deux chaises couverts en soierie brochée et rayée fond vert pâle à festons de fleurs et rubans, bordés de peluche.

63 — Table en bois sculpté dans le goût chinois, dessus laqué.

64 — Table à thé en peluche brodée, garnie de draperie.

65 — Chevalet supportant un diptyque pour portraits et deux aiguières formant garniture en onyx d'Algérie. Monture en bronze doré.

66 — Jolie suspension à une lampe et quatre bougies en bronze doré et repercé, style oriental, de Barbedienne.

67 — Meuble de salon composé d'un canapé, quatre fauteuils et quatre chaises, en bois doré et satin bleu.

68 — Grande garniture de cheminée en bronze doré : pendule et deux candélabres à figures d'enfants, de Raingo.

69 — Paire de chenêts en bronze, même style, de Raingo.

70 — Table-bureau, en acajou.

71 — Grande table d'étude avec tiroirs.

72 — Grand canapé et six chaises, en acajou et cuir vert.

73 — Table forme rognon, en acajou orné de bronzes, dessus en marbre brocatelle d'Espagne, style Louis XVI.

74 — Guéridon en bois rose et marqueterie, orné de bronzes.

75 — Table de milieu en bois sculpté et doré, style Louis XVI.

76 — Canapé et deux fauteuils en satin vert olive broché, à bouquets de fleurs, avec rampes de peluche cramoisie, capitonné, garni de franges.

77 — Décor de croisée analogue.

78 — Statuette en biscuit : *Source*.

79 — Deux cadres pour portraits en bronze doré.

80-81 — Divers cadres de fantaisie.

82 — Deux porte-bouquets en verre opalin avec camées.

83 — Statuette bronze : *La Cruche cassée*, édition de Giroux.

84 — Statuette de Baigneuse, en composition.

85 — Etagère en palissandre.

86 — Coffret en bois sculpté.

87 — Garniture de cheminée : pendule et deux candélabres en porcelaine de Saint-Amand bleu turquoise, médaillons à sujets et fleurs, monture en bronze doré de Leroy et fils, style Louis XVI.

88 — Devant de feu en bronze.

89 — Bel ameublement de salle à manger en bois sculpté d'Allard, composé :

1° D'un grand meuble dressoir s'ouvrant dans le bas à quatre portes, le haut avec panneau et consoles de chaque côté, offrant en haut relief des scènes de chasse ; ensemble d'aspect monumental ;

2° Un meuble crédence formant vitrine-argentier en haut, et ouvrant à six tiroirs dans le bas ;

3° Servante à étagère avec panneau en haut-relief ;

4° Vingt-quatre chaises couvertes en cuir.

Vu son importance, cet ameublement pourra être divisé.

90 — Très beau meuble vitrine en bois d'ébène et de thuya, orné de sculptures et de plaques en émail de Limoges, ayant été fourni par J. Allard.

91 Deux bustes teinte terre cuite : *Rossini et Beethoven*, d'après Dantan.

92 — Deux colonnettes supports en marbre noir.

93-94 — Deux grandes banquettes de salle de billard, couvertes en cuir rouge.

95 — Table carrée en bois noir sculpté, style Louis XIV, de J. Allard.

96 — Bureau plat en acajou.

97 — Vitrine d'applique en noyer.

98 — Deux vases en faïence anglaise, décorés de dragons en relief.

99 — Ameublement de chambre à coucher en chêne ciré, relevé de filets d'or, composé d'un lit avec sommier, une table de nuit, une table de milieu.

100 — Bureau demi-ministre analogue.

101 — Table liseuse en palissandre ciré.

102 — Fauteuil de bureau en chêne ciré, relevé d'or, couvert en drap rouge capitonné.

103 — Quatre chaises analogues.

104 — Chaise-longue en drap rouge, capitonnée.

105 — Glace d'entre-deux, cadre à fronton, en chêne ciré et relevé d'or.

106 — Décor de baie et deux décors de croisées en drap rouge avec embrasses.

107 — Deux coupes en bronze doré.

108 — Galerie de foyer en cuivre poli.

109 — Décor de lit et deux décors de croisées en satin bleu et peluche verte ; tablette de cheminée et embrasses assorties.

110 — Devant de feu en bronze poli et marbre bleu turquoise.

111 — Table à ouvrage en marqueterie de bois, forme Louis XV.

112 — Miroir sur chevalet en mosaïque de Venise.

113 — Bureau de dame en marqueterie, bois de thuya et palissandre, garni de bronzes.

114 — Table en bois noir et dessus en mosaïque de Rome ; médaillon représentant un char de triomphe.

115 — Médaillon en faïence ; décor représentant le *Loup* et le *Petit Chaperon rouge*, encadré et sur chevalet en peluche bleue.

116 — Deux chevalets couverts et drapés en peluche.

117 — Deux éventails pare-étincelles en bronze.

118 — Devant de feu en bronze à figures d'enfants sur balustrade.

119 — Meuble-crédence formant vitrine et casier à musique en bois noir sculpté, rehaussé d'or par partie.

120 — Diverses chaises de fantaisie.

121 — Quatre gravures encadrées.

122 — Bureau Ministre en chêne sculpté.

123 — Table en chêne analogue.

124 — Divan et trois coussins en cuir vert.

125 — Grand fauteuil, deux chaises et un tabou- en chêne sculpté couverts en cuir, genre Cordone polychrome et or, style Louis XIII.

126 — Deux rideaux, deux portières, décor de glace en cretonne rouge.

127 — Deux fauteuils couvers en même étoffe capitonnée.

128 — Coffret à bois couvert en même étoffe.

129 — Ecran en cuivre avec bannière en broderie.

130 — Suspension en bronze vert, style grec, système à gaz, de Barbedienne.

131 — Garniture de cheminée en émail bleu et fer, style moyen âge.

132 — Garniture de toilette en porcelaine décorée.

133 — Deux amours à suspendre en bois sculpté de Venise.

134 — Deux chenêts en fer avec balustrade.

135 — Casier à musique en palissandre.

136 — Fauteuil de malade.

137-140 — Quantité de tentures diverses.

141 — Décor de lit et deux autres de croisées en étoffe crême à semis de fleurs et feuillages, avec draperies et embrasses.

142 — Toilette couverte en même étoffe avec miroir à chevalet.

143 — Deux fauteuils et quatre chaises couverts en même étoffe.

144 — Table X, pieds bambou noirci.

145-148 — Plusieurs descentes de lit.

149 — Décors d'un lit et d'une croisée en reps rouge,

150 — Table couverte en drap rouge.

151-155 — Sièges divers : fauteuils de bureau, chaises, etc.

156 — Bureau en bois noirci.

157 — Lit en noyer ciré.

158 — Pendule en marbre noir.

159-161 — Pièces diverses : corbeilles et jardinières en porcelaine et verrerie.

TABLEAUX
GRAVURES — DESSINS

BESSON (Faustin)

162 — *L'Enfance de Grétry.*

CONSTANT (Benjamin)

163 — *La Sonate au clair de lune.*
Beethoven.

COURBET (G.) ?

164 — *Vue du Jura.*
165 — *Vue du Jura.*
Etude.

COWERCHEL

166. — *Portrait d'un cheval blanc sellé.*

DAUBIGNY (Attribué à Charles)

167. — *Paysage.*

DELACROIX (Attribué à Eugène)

168 — *Les Pestiférés.*

DUCREUX (Joseph)

169 — *Portrait de Mme la duchesse de Feltre.*
Dessin aux deux crayons.

DUMORAY

170 — *Portrait de Napoléon Ier.*
Dessin à la pierre mine.
Signé et daté 1811.

E. M.

171 — *Le Petit Fermier.*

GUENAULT

172 — *Paysage des environs de Paris.* (Etude).

GUIDO (D'après René)

173 — *Sainte Madeleine.*

HERPIN

174 — *Sous Bois.*
Provient de la vente de l'artiste.

175 — *Paysage environs de Paris.*

HOOGH (E. de)

176 — *La Visite.*
Intérieur Hollandais.

JAPY

177 — *Jeunes femmes cueillant des fleurs dans un
bois près d'un cours d'eau.*

178 — *Paysannes occupées à ramasser de l'herbe
dans une île.*

JONGKIND (?)

179 — *Vue de Hollande.*
Effet de nuit.

180 — *Vue de Notre Dame de Paris.*
Effet de nuit.

JONGKIND (Attribué à)

181 — *Marine.*

KNELLER (Attribué à Godfried)

182 — *Portrait d'homme en costume de pâtre.*

LEROUX (Eugène)

183 — *La Grande Sœur et le dernier né.*
Intérieur breton.
Signé.

184 — *Le Flirt.*
Signé.

MARCHETTI

185 — *L'Hiver en Hongrie.*
Souvenirs du Moyen âge.
Joli tableau, signé et daté 1880.

MEISSONIER (Ernest)

186 — *Personnage Louis XV assis par terre.*
Dessin à la mine de plomb.

187 — *Groupe de trois Tambours.*
Première étude pour le tableau de 1814.
Dessin à la mine de plomb.

MILLET (D'après)

188 — *L'Angelus.*
Gravure.

MURILLO (D'après)

189 — *Les Gourmands.*
190 — *La Chercheuse de poux.*

PILS (J.)

191 — Plusieurs dessins sous verre.

RAPHAEL (D'après)

192 — *La Vierge à la chaise.*
Peinture sur porcelaine. Cadre bois sculpté.

193 — *Les Anges.*

RENAUD (Edmond)

194 — *Vue de Honfleur.*
Coucher de soleil.

ROUSSEAU (Attribué à Théodore)

195 — *Etude d'arbres dans la Forêt de Fontainebleau.*

VALERIO

196 — *Effet d'orage.*
Provient de la vente de l'artiste.

VERNET (Carle)

197 — *La Vedette.*
Dessin à la sépia.

ECOLE FRANÇAISE

198 — *Mouton et poule.*
Nature morte.

ECOLE FRANÇAISE

199 — *Portrait de la Duchesse de Lamballe.*

200 — Objets omis.

3098   no 200   Bis

4.-	1	dessins
8. -	2	gravures
6 -	1	dessins
8. -	1	
8. -	1	
4 -	1	tabl
8. -	1	
4 -	1	
21 -	1	tableau
14 -	1	D°
10. -	1	D°
6.5 -	1	D°
98 -	1	D°
140 -	1	D°
90. -	1	D°
24. -	1	D°
12 -	1	D°
47 -	1	D°
90. -	1	D°
91. -	1	D°
29 -	1	D°
30 -	1	D°
16 -	1	D°

Bloche

3785

www.ingramcontent.com/pod-product-compliance
Lightning Source LLC
Chambersburg PA
CBHW071303130726
47998CB00003B/1320